NOTICE BIOGRAPHIQUE

SUR

JEAN-MARIE DE LA MURE

HISTORIEN DU FOREZ

PAR AUG. BERNARD.

———o⚬❦⚬o———

A PARIS

CHEZ DUMOULIN, LIBRAIRE, QUAI DES AUGUSTINS

—

1856

Saint-Etienne, imprimerie de Théolier aîné.

JEAN-MARIE DE LA MURE

HISTORIEN DU FOREZ.

Jean-Marie De la Mure, prêtre, docteur en théologie, conseiller, aumônier du roi, et historiographe de France, sacristain et chanoine de l'église collégiale et royale de Notre-Dame de Montbrison, chevalier et prieur des ordres militaires de Notre-Dame du Mont-Carmel et de Saint-Lazare, naquit vers le commencement du XVII* siècle, à Roanne, en Forez, où sa famille tenait un certain rang parmi la petite noblesse du pays. Il était fils de François De la Mure, écuyer, sieur de Bienavant, mort en 1637, et de Jeanne de Gresolles, morte en 1647. Cette dernière était fille de Pierre Guyardon, seigneur de Gresolles, Luré et Buffardan, et de Philiberte Coton, sœur du célèbre confesseur de Henri IV, le jésuite Pierre Coton, dont Jean-Marie était ainsi le petit-neveu. Il était également petit-neveu d'Antoine du Verdier, sieur de Vauprivas, auteur de la *Bibliothèque Françoise*, et parent je ne sais à quel degré d'Antoine de Laval, historien des ducs de Bourbon (1).

On ignore complétement l'histoire des premières années de Jean-Marie, car il n'en a parlé nulle part. Il est probable, toutefois, qu'il fut élevé au collége des Jésuites de Roanne, fondé par son grand oncle Jacques Coton, frère de Pierre. Le titre d'historiographe du roi qu'il portait en 1654 donne la preuve qu'il s'occupait déjà depuis longtemps d'études historiques. Il était aussi alors chanoine de l'église Notre-Dame de Montbrison, où figuraient avec lui plusieurs membres de sa famille (2), ce qui explique pourquoi quelques autres membres laïques vinrent se fixer dans la capitale du Forez (3). Cette famille, fort nombreuse, était alors représentée dans le siècle par « François De la Mure, écuyer, sieur de Bienavant, conseigneur de Chantois et de Changy,

______

(1) Plusieurs membres de sa famille avaient jadis suivi avec honneur la carrière des armes. Voyez Pernetti, *Lyonnais dignes de mémoire,* t. II, p. 114, et mon *Histoire du Forez,* t. II, p. 250. On trouve quelques détails généalogiques sur sa famille dans Le Laboureur, *Mazures de l'Ile Barbe,* t. II, p. 276, 285, 521, 658.

(2) Voyez son *Hist. du Forez,* p. 391, 396, 397, et son *Hist. du diocèse de Lyon,* p. 290.

(3) En 1780, la ville de Montbrison avait encore un De la Mure pour maire.

aîné et chef d'armes de l'ancienne et noble maison De la Mure en
Forez, qui porte d'ancienneté son écu écartelé 1 et dernier de sa-
bles à trois fasces d'or, 2 et 3 d'azur à trois croissants d'argent, 2
et 1 (4). » Nous avons de ce François un curieux sonnet sur l'Histoire du Forez de son frère. Comme ce dernier a donné le titre
d'*Astrée sainte* à la seconde partie de son livre, par allusion à
l'*Astrée* d'Honoré d'Urfé, alors fort en vogue dans le Forez,
François De la Mure fait entre les deux livres un parallèle tout
à l'avantage de l'ouvrage de son frère :

> Que de rares beautés paroissent à mes yeux ;
> Que les antiquités de cette belle histoire
> Accroistront ta patrie et d'honneur et de gloire
> Par tes fameux écrits et tes soins curieux.
>
> On a vu des bergers avec des demy-dieux,
> Par une invention des filles de mémoire,
> Sur les bords de Lignon, sur les rives de Loire,
> Autrefois habiter ces agréables lieux ;
>
> Mais tu montre aujourd'huy, d'un style inimitable,
> Les pompeux monuments de Rome redoutable,
> Les gestes des héros sortis de ton païs.
>
> Et, par un changement qui paroist admirable,
> Tu tournes le roman en récit véritable,
> Qui rendra pour jamais les peuples ébahis.

Jean-Marie De la Mure nous a donné une liste de ses ouvrages
à la fin de sa *Bibliothèque forésienne* ; mais comme elle est incomplète, et ne renferme pas les titres exacts de ces ouvrages, je
ne lui emprunterai que les lignes relatives aux livres qui nous
manquent, et dont je vais donner de suite la nomenclature pour
n'avoir pas à y revenir ensuite :

1º Le Prier-Dieu familier, contenant des prières catholiques
faciles et populaires, imprimé à Montbrison, chez Jean
La Bottière, l'an 1656.

2º La Paraphrase du cantique du prophète Abacuc, faite par un
sens d'adaptation, sur la conversion de l'apostre saint
Paul, imprimée à Paris (5), chez Alexandre Lesselin,

---

(4) *Hist. du Forez*, par De la Mure, p. 396.

(5) De la Mure, qui avait déjà fait imprimer une autre pièce à Paris
chez Alexandre Lesselin (voyez le nº 2 de la p. 6), vint sans doute plusieurs fois dans cette ville ; mais nous n'avons point trouvé d'autres traces
de ces voyages qu'un fait raconté par La Caille dans son *Histoire de l'imprimerie*. Cet auteur nous apprend que De la Mure fit cadeau à MM. de
Sorbonne d'un exemplaire de l'Imitation de Jésus-Christ imprimée à
Paris en 1489 (La Caille dit à tort que cette édition est de 1498, et qu'elle
est la première de ce livre), par Jean Higman, à la condition qu'ils le
conserveraient précieusement dans leur bibliothèque, qui renfermait
presque tous les premiers incunables des presses parisiennes. Cet
exemplaire donné par De la Mure est probablement celui qui se trouve
à la bibliothèque de l'Arsenal, qui a hérité d'une bonne partie des
livres de la Sorbonne. Toutefois on n'y voit pas le timbre de la Sorbonne, qui se trouve ordinairement sur les livres de cette maison.

l'an 1658, sous le titre de : *Saint Paul priant après sa conversion*.

3º Plusieurs livres de prières et litanies.

4º Histoire de l'insigne parcelle de la vraye croix révérée dans le dévot couvent des religieuses de Saint-Thomas en Forez, en manuscrit.

5º Catalogue et Calendrier des saintes et bienheureuses religieuses de l'ordre de Cisteaux, en manuscrit.

Tous ces livres, ceux imprimés du moins, n'auraient guère aujourd'hui qu'une valeur de curiosité bibliographique. Leur perte n'est donc pas fort regrettable.

Venons maintenant aux ouvrages qui nous restent, et qui sont fort nombreux, comme on va le voir. Malheureusement leur valeur historique ne répond pas toujours à l'espoir que fait concevoir leur titre :

1º Les Antiquités du devot prieuré des dames religieuses de Beaulieu en Roannois, de l'ordre de Fontevrault, recueillies par messire Jean-Marie De la Mure, conseiller, aumônier et historiographe du Roi, secretain et chanoine de l'eglise royalle de Montbrison, prieur es ordres militaires de Nostre-Dame et de Saint-Lazare. M. DC. LIV. (Sans nom de ville ni d'imprimeur.)

Ce petit volume, dont je viens de copier exactement toute la première page, sur l'exemplaire qui se trouve à la Bibliothèque nationale, est un in-12 de 58 pages, tiré par forme, avec carton séparé, c'est-à-dire que la signature A comprend 8 pages, la signature B seulement 4, et ainsi de suite jusqu'à K. Sur le second feuillet du livre se trouve une dédicace « A serenissime « et illustrissime princesse madame Jeanne-Baptiste de France, « très puissante et très religieuse abbesse chef et generalle de la « royalle abbaye et de tout l'ordre sacré de Fontevrault, » à la fin de laquelle l'auteur nous apprend que plusienrs de ses parentes avaient fait vœu à Beaulieu, dont Françoise De la Mure, sa sœur, était alors prieure.

Le livre est divisé en dix chapitres, dans lesquels l'auteur traite des antiquités du prieuré de Beaulieu. On y trouve, entre autres documents, la chartre de fondation de 1115, et quelques pièces de ce genre, qui avaient été communiquées à De la Mure par sa sœur. Il paraît, du reste, à la manière dont il écrit le nom de notre pays (Forests), qu'il n'avait pas encore la clef de son histoire, quoiqu'il y eût longtemps qu'il s'occupât de recherches historiques, car nous lui voyons déjà porter le nom d'*historiographe du roi*. Rien n'indique où ce livre a été imprimé; toutefois je crois qu'il est sorti des presses montbrisonnaises de Jean la Bottière, imprimeur ordinaire de De la Mure. Ce Jean la Bottière était sans doute parent de François la Bottière, imprimeur-libraire à Lyon de 1629 à 1649.

2º Projet de l'histoire du pays de Forests, par noble et vénérable messire Jean-Marie De la Mure, conseiller, aumôsnier ordinaire du roy, sacristain et chanoine de l'Eglise royalle de Nostre-Dame-d'Esperance de la ville de Montbrison, capitale dudit pays.

Paris, chez Alexandre Lesselin, rue de la Barillerie, entre les deux grandes portes du Palais, à la ville de Lyon et enseigne d'imprimerie. M. DC. LV.

Ce petit livret, qui forme 8 pages in-12, se trouve aujourd'hui dans la Bibliothèque publique de la ville de Lyon. C'est le prospectus de l'Histoire du Forez, du même auteur, qui ne parut, toutefois, que vingt ans après.

Il paraît, du reste, que De la Mure n'avait encore qu'une idée vague de son projet. C'est plutôt un appel aux documents qu'un véritable prospectus. « Voilà, dit-il en terminant, un projet qui requiert, et des particuliers de ce pays une favorable communication des plus beaux actes qu'ils aient en leur puissance, et des chefs d'ordre dont relèvent les principaux bénéfices de ce pays coppies des fondations de ces bénéfices, et des sçavants et curieux la part qu'il leur plaira me faire des lumières qu'ils ont pour ce qui peut servir à cet ouvrage, etc. »

3º Chronique de la très devote abbaye des religieuses de Sainte-Claire de Montbrison, ville capitale du pays de Forest, monastère estant de la fondation de la très illustre maison D'VRFÉ, touchant laquelle se voient icy plusieurs curieuses recherches.

A Montbrison, par Jean la Bottière, marchand libraire et imprimeur. M. DC. LVI.

Il existe un exemplaire de ce petit livre chez les religieuses de Sainte-Claire de Montbrison, dont on a détruit l'ancien monastère, mais qui ont été installées ailleurs après la tourmente révolutionnaire. Il se compose de 82 pages petit in-8º, et a été réimprimé, en 1845, par Bernard, imprimeur-libraire à Montbrison, en 35 pages in-8º.

4º Catalogue d'illustres pour l'insigne eglise collegiale et royale de Nostre-Dame-d'Esperance de la ville de Montbrison, capitale du pays de Forest.

Montbrison, Jean la Bottiere, M. DC. LVI.

Cet opuscule, qui se compose de 82 pages petit in-8º, a été réimprimé, en 1847, à la suite de la *Chronique de l'Eglise de Notre-Dame-d'Espérance de Montbrison*, par M. l'abbé Renon (Roanne, 1847, in-8º). Il renferme d'intéressants renseignements biographiques sur les principaux personnages qui ont fait partie du chapitre de Montbrison. Ce livret parut un peu après la *Chronique de Sainte-Claire*, imprimée la même année, et qui y est mentionnée comme « nouvellement donnée au public. » Le privilége de cette dernière est du mois d'avril; celui du

Catalogue, du mois de mai. Un fait assez curieux à noter, c'est que ce fut De la Mure lui-même qui se donna la permission d'imprimer ces deux livres en qualité de « censeur commis par l'ordinaire de l'imprimerie de ladite ville (de Montbrison). »

5º Histoire genealogique de la maison d'Urfé en Forez, par J.-M. De la Mure.

Ce travail, rédigé vers 1660, et imprimé en 1839, en tête de ma Monographie des d'*Urfé* (in-8º, Paris, imprimerie royale), renferme une généalogie très détaillée de la famille d'Urfé. De la Mure l'indique sous le titre d'*Illustration genealogique de la très ancienne et très illustre maison d'Urfé en Forez*, dans la liste de ses ouvrages.

6º Abregé de la vie du pape Clement IV, de sainte et heureuse memoire, appelé Guy Gros dans le siecle, originaire de l'ancienne et illustre famille des Gros, de laquelle les branches sont partie en France et partie en Savoye, et dont est sorty messire Michel Gros, chevallier, seigneur de Saint-Ioire, gentil-homme lyonnois.
A Lyon, chez M. Goy, rue Confort, à la Biche couronnée. M. D. C. LXXIV. Avec permission des docteurs (datée de 1668).

C'est un petit volume de 40 pages in-8º tiré par forme. Il n'est pas mentionné par De la Mure sur son Catalogue, mais il commence par une dédicace à « très noble et très vertueuse « dame madame Paparin de Chasteau-Gaillard, dame de Saint- « Ioire, » signée « Votre très humble et très obéissant serviteur, « en nostre seigneur, Jean-Marie De la Mure, sacristain et cha- « noine de l'eglise royale de Montbrison. » Dans cette préface, l'auteur nous apprend que son travail n'est qu'une traduction du livre latin publié sur le même sujet par le jésuite Claude Clément. Il y a toutefois ajouté quelques recherches sur l'origine de la famille Gros, et entre autres un fragment de la charte d'affranchissement de Saint-Haon-le-Châtel accordée par Renaud de Forez, en 1270, et parmi les *pléges* de laquelle on voit figurer un Durand Gros, *domicellus*.

7º Description sommaire du rare cabinet d'estude et de piété, orné de curiosités, de Jean-Marie De la Mure, etc.
A Lyon, chez Marcelin Gautherin, maistre imprimeur, rue Confort, proche le Singe qui pesche. M. DC. LXX.

Ce petit livret se compose de 16 pages in-8º. Il nous apprend que De la Mure possédait, outre un grand nombre d'objets d'antiquités trouvés dans le pays même, les portraits de tous les comtes de Forez de la 1re, de la 2me et de la 3me race, de plusieurs rois de France qui ont été comtes de Forez, de tous les saints et grands hommes nés dans cette province........ De tout cela il ne reste absolument rien. Ce cabinet, composé, comme

celui d'Anne d'Urfé, comme celui de Jean Papon, d'objets relatifs
au Forez, a été entièrement anéanti après la mort de son pro ·
priétaire, quoiqu'il ait laissé des parents qui eussent dû, sinon
continuer son œuvre, au moins la conserver.

    8º Histoire ecclesiastique du Diocese de Lyon, traitée par la
        suite chronologique des vies des reverendissimes arche-
        vêques comtes de Lyon et primats de France, avec les
        plus mémorables antiquités de la très illustre église
        cathédrale, de toutes les collégiales, abbayes et prieurés;
        établie sur titres d'archives, actes, monuments publics
        et autres preuves authentiques ; enrichie du catalogue
        général des bénéfices dudit diocèse. Par messire Jean-
        Marie De la Mure, prêtre, etc.

        A Lyon , chez Marcellin Gautherin, rue Confort, à la
Justice, devant l'Hôtel-Dieu. M. DC. LXXI.

Ce livre, dédié « à monseigneur Camille DE NEUFVILLE,
« archevêque et comte de Lyon, etc., » était écrit dès l'année
1667, comme le prouve l'approbation du docteur de Sorbonne ,
datée du 12 avril 1668. Il ferme un volume in-4º de 408 pages
de texte, 16 pages de préambule, et 16 pages de tables : en tout
55 feuilles d'impression. Son exécution typographique laisse
beaucoup à désirer, tant sous le rapport de la correction que sous
celui de l'impression. La forme adoptée par De la Mure est aussi
fort défectueuse. Son *Histoire du diocèse* n'est en realité qu'une
lourde biographie des archevêques. Elle ne nous apprend rien
sur les vicissitudes auxquelles le diocèse fut soumis, sur les mo-
difications de son territoire ; toutefois on trouve à la fin du volume
un recueil considérable de pièces justificatives de la plus haute
importance. On voit que De la Mure avait beaucoup étudié depuis
huit ou dix ans qu'il n'avait rien publié. Il commençait dès lors
à être connu. Ses publications précédentes , mais surtout ses
recherches historiques, l'avaient mis en relation avec tous ceux
de ses contemporains qui s'occupaient d'histoire. On s'adressait
à lui pour obtenir des renseignements précis sur tout ce qui
touchait au Forez. C'est à ce titre qu'il était en correspondance
avec les Du Bouchet, les Guichenon, les Le Laboureur, les D'Hozier,
etc.

    9º Histoire universelle , civile et ecclesiastique du pays du
        Forez, dressée sur des autorités et des preuves authen-
        tiques, par noble messire Jean-Marie De la Mure, prestre,
        docteur, etc.

        Lyon, M. DC. LXXIV.

Ce livre, dédié aussi à l'archevêque *Camille de Neufville*,
comme *l'Histoire du Diocèse*, forme un volume in-4º, de XX et
484 pages, imprimé, *pour première édition*, chez Pierre Compagnon et Robert Taillandier, suivant ce que nous apprend De la
Mure lui-même. Du reste, le livre porte le nom de différents

éditeurs, qui s'étaient chargés, avec empressement, de la vente.
Le frontispice des exemplaires au nom de Compagnon et Taillandier a pour vignette un cœur dans lequel est représenté l'Enfant
Jésus, avec cette devise : *Ubi est thesaurus tuus, ibi est cor
tuum.* Les exemplaires au nom de Daniel Gayet et ceux au nom
de Posuel n'ont qu'un vase de fleurs. J'ignore s'il y eut d'autres
éditeurs pour ce livre, mais je sais qu'à l'occasion de son impression De la Mure fut mis en rapport avec le célèbre imprimeur
lyonnais Coral, car je lis dans ses notes manuscrites : « Voir Coral, qui se charge d'imprimer. »

Cet ouvrage se divise en deux parties bien distinctes, quoi-
que n'ayant qu'une même pagination. La première, qui occupe
258 pages, se compose de dissertations sur les antiquités du Forez
et sur les événements antérieurs au régime féodal : C'est là pro-
prement l'Histoire civile. La seconde est intitulée : « *L'Astrée
sainte* (6), ou Histoire ecclesiastique du pays de Forez, contenant
le recueil historique des prélats forésiens ou natifs dudit pays,
où l'on découvre les antiquités de plusieurs églises et les origines
de plusieurs maisons illustres par des preuves très authenti-
ques. »

Cette portion du livre est de beaucoup la plus importante,
sinon la plus intéressante, car elle renferme une foule de renseignements sur les familles nobles du pays.

On lit dans *l'avis au lecteur* de ce volume : « Je commence
cette histoire dès les temps de Jules César, et de la conquête des
Gaules, et je la continue *jusqu'à ce siècle.* » Mais dans le fait,
comme je l'ai dit, la portion imprimée s'arrête au huitième ou
neuvième siècle. Le récit, toutefois, a été poursuivi jusqu'au 17e
siècle dans l'ouvrage manuscrit suivant du même auteur.

10° Histoire des ducs de Bourbon et des comtes du Forez en
    forme d'annales, sur preuves authentiques, servant
    d'augmentation à l'histoire du pays de Forez et d'illus-
    tration à celle des pays de Lyonnois, Beaujolois, Bour-
    bonnois, Dauphiné et Auvergne, et aux généalogies tant
    de la maison royale que des plus illustres maisons du
    royaume.

Le seul exemplaire que nous possédions de ce livre (Bibliothèque de Montbrison) est une copie formant deux volumes in-folio,
portant la date de 1675. Le premier volume renferme l'Histoire
des comtes de Forez des deux premières races. Le second con-
tient une brève notice des ducs de Bourbon qui ont été comtes de
Forez, les *Preuves* de l'ouvrage, et un travail spécial intitulé :

11° Bibliothèque forésienne.

C'est une espèce de biographie des Forésiens qui ont laissé des

(6) Voir les vers de François De la Mure, qui précèdent.

œuvres littéraires quelconques, avec la liste détaillée de leurs ouvrages. La *Bibliothèque forésienne* et l'*Astrée sainte* forment une très précieuse histoire des personnes, à laquelle il ne manque que d'être plus générale.

    12° Miroir historial des sacrées antiquitez et nobles singularitez du très illustre chapitre de messeigneurs les doyen et chanoines de l'Eglise métropolitaine de Lyon, primatiale de France, comtes de Lyon, selon la suite chronologique des doyens de ce premier corps ecclésiastique du royaume, et sur des preuves authentiques. 1675.

Ce manuscrit, dont il nous reste deux copies (aux archives de Lyon et dans la Bibliothèque de cette ville) (7), l'une desquelles porte la date de 1675, est le complément de l'*Histoire du diocèse de Lyon* du même auteur, à laquelle elle se réfère presque à chaque page. Elle se compose d'environ 200 pages in-4°. Le premier doyen dont il soit question dans ce livre est *Hornatus*, cité dans le cartulaire de Savigny (voyez mon édition, p. 37) ; le dernier est Charles de Becerel, élu en 1650.

    13° Chronique de la très ancienne et insigne abbaye royale d'Aisnay, sacré trophée des premiers martyrs de Lyon, traictée sur preuves authentiques, par la suite de ses abbez tant reguliers que commendataires. 1675.

Nous possédons également deux copies anciennes de cette chronique (l'une à la bibliothèque et l'autre aux archives de la ville de Lyon), toutes deux in-4° d'environ 200 pages, et renfermant des additions. Ce livre, rédigé, comme la plupart des autres ouvrages de De la Mure, sous forme de biographies, n'offre pas un grand intérêt. L'auteur ne paraît pas avoir eu connaissance des cartulaires d'Ainay qui sont aujourd'hui, l'un à la Bibliothèque nationale (8), l'autre dans la bibliothèque de Lyon.

    14° Chronique abrégée de l'ordre militaire de Saint-Lazare de Jérusalem, dont le siége est depuis longtemps transféré en France, et dont l'hospitalité envers les lépreux est la plus ancienne comme la plus méritoire de toutes celles des autres milices ; avec l'union audit ordre de la moderne milice royale de Notre-Dame du Mont-Carmel. Par noble et egrégie messire Jean-Marie De la Mure, conseiller et aumosnier du roy, secrétain et chanoine de l'église royale de Notre-Dame de Montbrison, chevalier

(7) Cette dernière, que je n'ai pu voir, paraît incomplète, car elle se compose seulement de 15 feuillets.

(8) J'ai publié ce document à la suite du *Cartulaire de Savigny* en 1853.

prieur desdits ordres militaires, historiographe de France et desdits ordres. 1660.

Le seul exemplaire connu de ce livre, qui, chose singulière., ne figure pas dans le catalogue donné par De la Mure lui-même , est l'original , et se trouve dans la bibliothèque de la ville d'Auxerre, où il a été déposé à l'époque de la révolution. C'est un petit in-folio de 72 pages de texte. Le commencement a été transcrit par un scribe fort ignorant et mal habile ; mais tout a été revu par l'auteur , qui a écrit le titre et la fin du livre. L'ouvrage est divisé en trois parties : la première conduit l'histoire de l'ordre depuis son origine jusqu'au transfert de son chef-lieu en France ; la deuxième depuis ce transfert jusqu'à la réunion de l'ordre de Saint-Lazare à celui du Mont-Carmel, et la troisième depuis cette union jusqu'à l'an 1664 ; car il y a une addition qui prouve que si le travail a été rédigé en 1660, comme le porte le titre, il a été revu et augmenté depuis.

L'ouvrage se termine par la notice du 18e grand-maître de l'ordre, Achilles de Nerestang, marquis dudit lieu, baron de St-Didier, Aurec, Oriol et la Chapelle, seigneur de Saint-Fereol, Entre-mont, Chaponoz et autres lieux. Ce grand-maître était , comme on voit, presque compatriote de De la Mure, et voilà pourquoi il donna mission à ce dernier d'écrire l'histoire de son ordre. « C'est, dit-il, par les ordres et vigilante commission de ce même grand maistre, qui m'a donné la croix et le titre de prieur de l'ordre, que je laisse au public cette briefve et fidèle chronique. » Cette chronique peut être fidèle, mais elle n'est certes pas brève, car l'auteur eût pu la réduire à dix pages, s'il se fût astreint aux faits historiques. La diffusion et la prolixité sont malheureusement trop habituels à notre bon chanoine.

Outre les ouvrages que je viens de mentionner, De la Mure avait eu le projet de publier, dès l'année 1660, un « Trésor des « preuves et mémoires de l'histoire du pays de Forez, tiré de « diverses archives, livres et manuscrits. » Je n'ai malheureusement retrouvé aucune trace de ce Recueil, qui aurait d'autant plus de prix aujourd'hui que les sources auxquelles notre auteur avait pu puiser sont taries à jamais. Toutes les archives locales ont disparu depuis la révolution.

On trouve aussi parmi les papiers de De la Mure que possède la bibliothèque de Montbrison le premier jet d'un *Dictionnaire de géographie historique et statistique pour le Forez :* on le voit, le plan de notre bon chanoine était vaste..... Mais la mort vint interrompre ses travaux,

Je viens de parler des papiers de De la Mure. Il convient d'en dire un mot ici : ces papiers, que j'ai eu le bonheur de faire rentrer à Montbrison (9), se composent particulièrement de

____

(9) Voir ma *Notice historique sur la biliothèque la Valette,* Lyon, in-8°, 1854.

trois gros volumes in-folio contenant les brouillons de ses travaux et des notes ou pièces peu volumineuses qui ont été reliées ensemble. Le second renferme, entre autres, quelques lettres de Claude Le Laboureur, qui nous révèlent une circonstance digne d'être notée ici en l'absence d'autres renseignements biographiques. Il paraît que De la Mure avait écrit au célèbre prévôt de l'île Barbe pour lui offrir ses services relativement aux généalogies forésiennes dont ce dernier pourrait avoir besoin pour le second volume de ses *Mazures*, qu'il préparait alors. Comme les travaux de De la Mure étaient peu connus de Le Laboureur, celui-ci répondit : «... Souffrez que je vous dise que si vous n'avez que ce que vous m'avez envoyé sur vos nobles de Forez, je pourrois sans fanfaronner vous assurer que je suis plus riche que vous. »

Quoi qu'il en dise, c'était là une *fanfaronnade* assez ordinaire chez certains savants dont la réputation est faite. Il ne savait pas encore avec qui il avait à faire. De la Mure sut bien le faire revenir sur ce jugement, comme on pourra en juger par le fragment suivant d'une lettre du même Le Laboureur, datée du 9 mai 1672 :

«..... Mais comme vous avez le secret de l'histoire de votre province et de tout ce qui vous environne.... .» Et plus loin, précisément au sujet des mêmes documents pour lesquels il l'avait reçu si cavalièrement quelque temps avant : « Vous me permettrez de vous dire que vous avez trop bonne opinion de moi...... c'est donc à vous que cela est deu, à vous qui avez veu, leu, feuilleté et digéré tous les titres de Forez...... et vous me le faites assez connaître, quand vous me dites un peu plus bas que Poncins-Lavieu estoit cadet de Feugerolles, ce qui ne se treuve point dans la table de ces Lavieu-Feugerolles, laquelle vous me demandâtes il y a quelques années, et que je vous envoyai tout simplement parlant, comme l'on dit, du bois à la forest et de l'eau à la rivière...... »

Le Laboureur revient encore sur ce sujet dans son livre, publié en 1682 : « Quant à Edouard de Lavieu, seigneur de Feugerolles et d'Escotay, la tradition est constante dans le païs qu'il descendoit des anciens comtes de Forez, comme nous apprendrons plus particulièrement des mémoires de feu M. De la Mure, chanoine et sacristain de Notre-Dame de Montbrison, dont la publication a été retardée par son déceds arrivé l'an 1675. (10) »

On voit par cette citation que De la Mure mourût en 1675 ; c'est ce qui explique pourquoi la plupart de ses ouvrages manuscrits sont datés de cette année : il paraît que les héritiers en firent faire des copies destinées à l'impression, mais qui ne servirent pas à cet emploi, car elles sont arrivées inédites jusqu'à nous, et nous tiennent lieu des originaux que nous n'avons plus. Quel

(10) *Mazures*, t. ii, p. 575.

ques circonstances semblent prouver que tous les papiers de De la Mure devinrent la propriété de son neveu, le fils de François De la Mure de Bienavant dont j'ai parlé précédemment. En effet, une note écrite par M. de la Valette lui-même sur chacun des trois volumes de brouillons de De la Mure nous apprend que ces volumes lui ont été « donnés par M. De la Mure de Bienavant, neveu de l'auteur. » Cet héritier confia sans doute d'abord l'*Histoire du Forez* à son compatriote André Falconnet, sieur de Saint-Gervais, savant médecin de Roanne, qui s'était offert de la publier. C'est du moins ce qu'il est permis de conclure des observations consignées par Don Estiennot dans un manuscrit daté de 1677, et qui renferme le résultat d'une mission littéraire remplie alors par ce dernier dans l'intérêt des *Annales bénédictines* et du *Gallia christiana*, publiés par l'ordre de saint Benoît. En effet, il dit avoir vu cette histoire dans le cabinet de Falconnet, qui se disposait à la publier : «... Historia comitum Forensium ms. dom. De la Mure, quæ extat in bibliotheca V. C. dom. Falconnet, quæ, ut ipse asseruit, brevi publici juris fiet et typis mandabitur (11). »

Falconnet avait déjà publié de la même manière plusieurs ouvrages de ses compatriotes, dont il se faisait le Mécène, depuis qu'il avait quitté Lyon pour Roanne, sa ville natale. Mais la mort ne lui permit sans doute pas de remplir sa promesse, et les manuscrits de De la Mure furent acquis par M. De la Valette, dont la bibliothèque formait déjà l'un des ornements de la ville de Lyon. C'est probablement après cette acquisition que le neveu de De la Mure donna les brouillons de ce dernier à M. De la Valette.

J'ai dit ailleurs (12) les vicissitudes de la bibliothèque la Valette et des manuscrits de De la Mure, depuis le jour où ils furent transportés de Lyon au château de Thorigny, et de là à Montbrison, où j'ai eu le bonheur de les faire réintégrer en 1834 ; je n'y reviendrai pas ici.

(11) Ms. d'Estiennot, sur le diocèse de Lyon, à la Bibli. nationale. fol. 360.

(12) *Notice historique sur la bibliothèque la Valette*, p. 34 et suivantes.

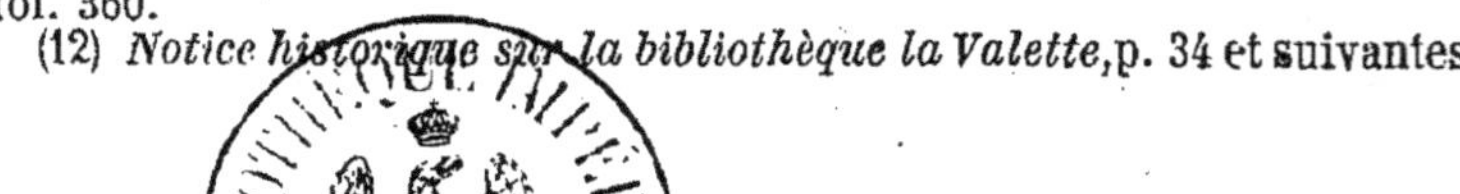